DÉBUT D'UNE SÉRIE DE DOCUMENTS
EN COULEUR

27 FÉVR. 1851 [Delanne]
Jules Delanne

CATALOGUE
D'UNE
JOLIE RÉUNION
D'OBJETS
D'ART ET DE CURIOSITÉ
DU MOYEN-AGE,
récemment apportés d'Italie et d'Allemagne,

TELS QUE

Sculptures en marbre, Terres émaillées de la Robbia, Poteries italiennes et allemandes, Verreries de Venise et antiques grecques, Bronzes antiques et autres Vitraux, Objets en ivoire et en bois sculpté, Armes, Bijoux et Objets d'orfévrerie, Meubles en bois sculpté, un beau Retable à figures de ronde-bosse, belles Miniatures sur vélin, quelques Gravures, Dessins et Tableaux,

DONT LA VENTE AURA LIEU

LES JEUDI 27 ET VENDREDI 28 FÉVRIER 1851,

à midi,

HOTEL DES VENTES,
RUE DES JEUNEURS, N. 42,
SALLE N. 3.

Par le ministère de M. RIDEL, Commissaire-Priseur,
333, rue Saint-Honoré,
Assisté de M. ROUSSEL, Expert, rue du Dragon, 33,
Chez lesquels se distribue le présent Catalogue

EXPOSITION PUBLIQUE
Le Mercredi 26 Février 1851, de midi à quatre heures.

PARIS
IMPRIMERIE ET LITHOGRAPHIE DE MAULDE ET RENOU,
Rue Bailleul, 9 et 11, près du Louvre.
1851.

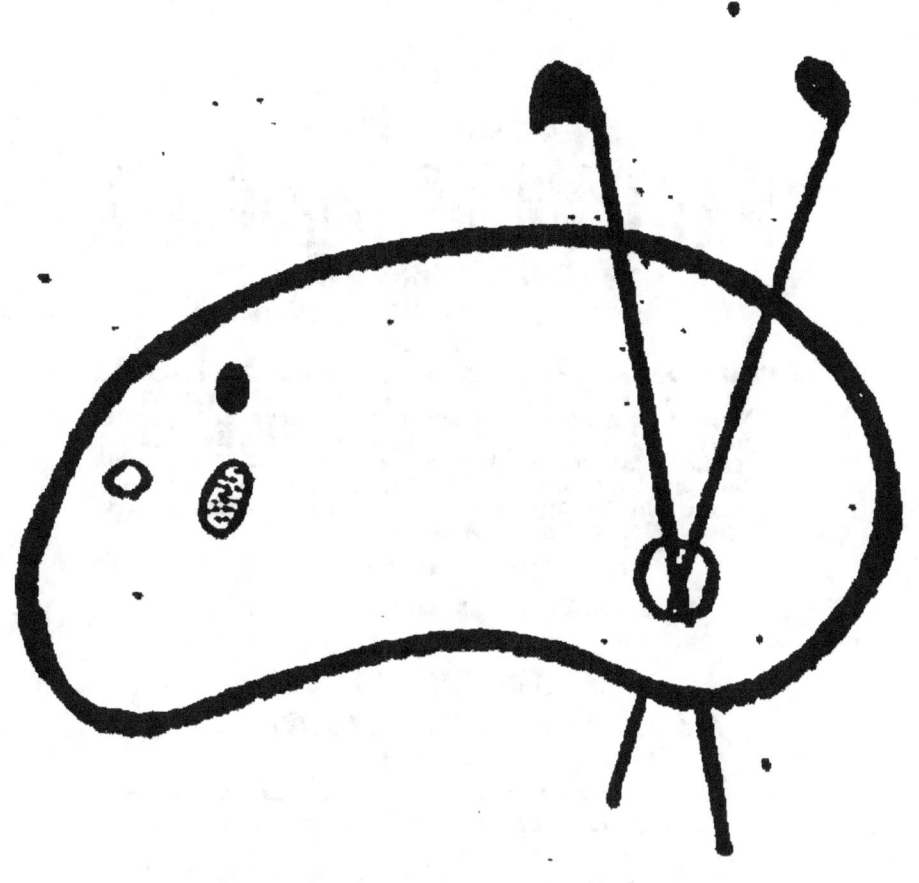

CATALOGUE
D'UNE
JOLIE RÉUNION
D'OBJETS
D'ART ET DE CURIOSITÉ
DU MOYEN-AGE,

récemment apportés d'Italie et d'Allemagne,

TELS QUE

Sculptures en marbre, Terres émaillées de la Robbia, Poteries italiennes et allemandes, Verreries de Venise et antiques grecques, Bronzes antiques et autres Vitraux, Objets en Ivoire et en bois sculpté, Armes, Bijoux et Objets d'orfévrerie, Meubles en bois sculpté, un beau Retable à figures de ronde-bosse, belles Miniatures sur vélin, quelques Gravures, Dessins et Tableaux,

DONT LA VENTE AURA LIEU

LES JEUDI 27 ET VENDREDI 28 FÉVRIER 1851,

à midi,

HOTEL DES VENTES,
RUE DES JEUNEURS, N. 42,
SALLE N. 3.

Par le ministère de M⁶ RIDEL, Commissaire-Priseur, 333, rue Saint-Honoré,

Assisté de M. ROUSSEL, Expert, rue du Dragon, 33.

Chez lesquels se distribue le présent Catalogue.

EXPOSITION PUBLIQUE

Le Mercredi 26 Février 1851, de midi à quatre heures.

PARIS
IMPRIMERIE ET LITHOGRAPHIE DE MAULDE ET RENOU,
Rue Bailleul, 9 et 11, près du Louvre.

1851.

CONDITIONS DE LA VENTE.

Elle sera faite au comptant.

Les acquéreurs paieront, en sus des adjudications, cinq pour cent, applicables aux frais de vente.

DÉSIGNATION
DES OBJETS.

1 — Deux petits lions en cuivre, provenant de candelabres du XIII° siècle.
2 — Une clochette en bronze formée par deux mufles de lions et une petite boîte en cuivre.
3 — Un étui en porcelaine de Saxe, ayant la forme d'une asperge, garni en argent doré, et une fourchette avec manche en porcelaine de Saxe, garni en argent.
4 — Boîte d'horloge du XVI° siècle, en cuivre doré et ciselé, décorée d'ornements à jour très fins.
5 — Montre solaire avec sa boussole, du XVI° siècle; la boîte, en cuivre doré, est couverte d'ornements finement gravés.
6 — Briquet à rouet, la monture en cuivre doré et gravé.

7 — Très petit pistolet à rouet, en cuivre doré, pouvant servir de breloque.

8 — Boîte chinoise en écaille, très finement sculptée.

9 — Deux éventails chinois en nacre de perle.

10 — Médaillon en cire colorée, représentant Henri IV et Marie de Médicis, finement modelé.

11 — Autre médaillon en cire, représentant le portrait de Clément Marot, et un autre portrait inconnu, également modelé en cire.

12 — Trois médaillons avec portraits de Catherine de Médicis, Charles IX, roi de France, et Henri III, alors roi de Pologne.

13 — Une trousse en étoffe noire, renfermant divers outils du XVIe siècle.

14 — Le portrait d'Anne de Bretagne, exécuté en relief; il est accompagné de la gravure.

15 — Mosaïque ronde, représentant les colombes du Vatican.

16 — Vase en bronze, d'une fonte très légère, couvert d'ornements et de sujets finement exécutés.

17 — Belle paire de chenets en cuivre du temps de Louis XIII; la tige, en forme de boule, est supportée par deux chevaux marins.

18 — Joli petit lustre flamand à six lumières alternées de branches d'ornements en relief.

19 — Petit présentoir en cuivre doré, formé par un lion portant un vase muni de trois griffes qui retiennent un verre de Venise à filigrane blanc très fin.

20 — Deux chandeliers à tiges carrées en cuivre repoussé et argenté.

21 — Très grande plaque de cheminée en fonte de fer, d'une très belle composition de dessins, dans le style du temps de Henri II.

22 — Brûle-parfum oriental en cuivre doré, d'une forme très curieuse; le couvercle à charnière est formé de neuf petites coupoles découpées à jours offrant des dessins variés.

23 — Vase oriental à couvercle en cuivre repoussé, gravé, doré et décoré d'émaux extérieurement, ayant l'aspect des émaux européens des xii° et xiii° siècles.

24 — Croix en cuivre repoussé et doré, ornée de gravures sur pied à six pans.

25 — Joli encensoir italien en cuivre doré du xiv° siècle, d'une riche composition.

26 — Reliquaire en cuivre repoussé et doré, du xiv° siècle; douze arcades ogivales à claire-voie en laissent voir l'intérieur; le nœud de la tige est également orné d'arcades ogivales plus petites, et le pied à six pans est décoré de rinceaux en feuillages repoussés.

— 27 — Deux beaux flambeaux d'autel, bronzes italiens du XVI° siècle; sur une base triangulaire portée par des griffes de lion alternées de mascarons et de têtes de chérubins, sont assis trois génies soutenant un vase richement décoré et donnant naissance à la tige en forme de balustre, ornée de cariatides sur la tête desquelles repose le plateau du flambeau.

Ces flambeaux sont d'une très belle composition d'ornements et du plus beau style.

— 28 — Jolie horloge en forme de vase du XVI° siècle, en cuivre doré, chargé d'ornements repoussés; le couvercle à charnière est surmonté d'une figurine et recouvre une montre solaire avec boussole pour régler les heures marquées sur un cadran saillant en forme d'écusson.

Cette pièce, d'une forme très élégante, est à peu près semblable à celle qui fut vendue à la vente de M. Van Os.

— 29 — Belle horloge allemande du XVI° siècle, en cuivre doré, ornée de gravures très fines; elle est surmontée d'une coupole à jour délicatement ciselée, supportant une figurine de Judith, dont le bras droit, armé d'un glaive, se lève autant de fois qu'il sonne d'heures.

—30 — Autre horloge du même genre supportée par quatre petits animaux chimériques; la coupole est surmontée par un petit obélisque.

—31 — Horloge allemande du XVIᵉ siècle, dont la coupole se termine par un obélisque sur lequel est une colombe tenant une couronne dans son bec; le cadran est émaillé; elle pose sur un socle en bois noir orné d'arabesques en cuivre argenté.

—32 — Joli petit meuble ou cabinet en ébène, fermant à deux ventaux, et garni de neuf tiroirs; il est entièrement couvert, au dedans et au dehors, d'arabesques en argent découpées à jour, avec têtes de chérubins. Travail italien du XVIᵉ siècle.

—33 — Autre petit cabinet du même genre, en bois ronceux.

—34 — Coffret en bois ronceux, orné de jolies sculptures à l'intérieur et à l'extérieur.

—35 — Retable en ébène, du temps de Louis XIII, d'une forme architecturale très remarquable; il est enrichi d'émaux et chargé d'ornements en relief en cuivre doré d'un très beau style.

—36 — Très beau coffre italien du milieu du XVIᵉ siècle, en bois de noyer, entièrement couvert de sculptures du meilleur goût et d'une exécution achevée.

—37 — Cadre italien de forme rectangulaire, du xvi° siècle, richement orné de sculptures d'une grande finesse d'exécution, et dont tous les motifs sont variés.

—38 — Cuiller en bois, ornée de petits sujets religieux sculptés en bas-relief; dans sa boîte également en bois sculpté.

—39 — Bas-relief en bois dont les figures principales sont presque de ronde-bosse; le sujet représente la Musique d'après Goltzius. Une dame, en costume du xvi° siècle, joue d'un instrument; Apollon lui pose une couronne sur la tête, et enfin un couple amoureux l'écoute. Sculpture d'une bonne exécution.

—40 — Grande statuette de Vierge, en bois, portant l'Enfant-Jésus. Bel ouvrage allemand du commencement du xv° siècle.

—41 — Saint Michel terrassant le Diable. Sculpture en bois du xv° siècle.

—42 — Grand feuillet de diptyque bysantin en ivoire sculpté. Le sujet du haut représente la mort de la Vierge entourée des apôtres; Jésus remet son âme à des anges qui s'avancent pour la recevoir; le bas représente la rencontre de saint Pierre et de saint Paul, et plusieurs autres saints dont les noms sont inscrits en lettres capitales grecques placées perpendiculairement les unes au-dessus des autres, ainsi qu'il était en usage jusqu'au xii° siècle.

43 — Petite plaque en ivoire sculpté, du xi° au xii° siècle, représentant un prêtre à la porte du sanctuaire dans l'attitude du *Dominus vobis cum*.

44 — Autre petite plaque en ivoire représentant le sujet de l'Annonciation; la Vierge et l'ange sont placés sous de petits édifices à plein cintre; le sujet est encadré d'une bordure à palmettes dans le goût antique et délicatement sculptée. Époque romane.

45 — Statuette de Vierge assise, tenant l'Enfant-Jésus. Sculpture en ivoire du xiv° siècle.

46 — La Nativité, petit bas-relief en ivoire profondément fouillé.

47 — Enfant couché et endormi; jolie figurine en ivoire, travail fin attribué à François Flamand.

48 — Couteau et fourchette garnis en argent, dont les manches en ivoire sont formés par des figurines d'enfants avec guirlandes de fruits, ouvrage d'une fine exécution.

49 — Saint Jérôme, figurine en ivoire pleine de sentiment. Travail italien du xvi° siècle

50 — Bas-relief en buis, représentant Jésus jardinier apparaissant à la Madeleine. Sculpture allemande très fine d'après Albert Durer, dont on voit le monograme.

—51 — Plaque provenant d'un coffret en ivoire, couverte d'ornements sculptés dans le goût byzantin.

—52 — L'Adoration des Mages, groupe de figures, en pierre grise du commencement du XVIe siècle.

—53 — Petite plaque rectangulaire en pierre lithographique, offrant vingt-six petits sujets sculptés. Ouvrage grec du XIIIe siècle finement exécuté.

—54 — Très petit médaillon en bois sculpté, représentant en buste un personnage, du XVIe siècle.

—55 — La Vierge debout portant l'Enfant-Jésus, statuette en albâtre, avec couronne en plomb doré. Ouvrage italien du XIVe siècle.

—56 — Poivrière formée par un groupe de figures en ivoire.

—57 — Plaque en émail de Limoges, d'une grande finesse d'exécution, représentant Hercule combattant les Centaures.

—58 — Émail oval représentant un sujet d'après Boucher.

—59 — Très bel échantillon d'émail incrusté, du XIIe siècle, représentant six Apôtres vus à mi-corps, avec attributs des Évangélistes.

—60 — Autre plaque du même genre, cintrée dans le haut, représentant Jonas, avec ornements en émaux de couleur.

— 61 — Boucle de ceinture de femme, très curieuse, en cuivre doré, xvi⁰ siècle.

— 62 — Cartouchière du xvi⁰ siècle, en corne de cerf, gravée et incrustée.

— 63 — Petit personnage en costume du xvi⁰ siècle, provenant d'un flambeau.

— 64 — Statuette antique en bronze. Mercure debout vêtu d'une chlamyde.

— 65 — Autre statuette antique en bronze. Jeune homme debout; il tient d'une main un serpent.

— 66 — Missel, manuscrit du xv⁰ siècle, orné de miniatures grandes et petites, et d'un grand nombre d'initiales, avec ornements marginaux; d'une parfaite conservation; la reliure, en velours, est garnie de filigrane d'argent.

— 67 — Livre d'Heures, imprimé et miniaturé, de petit format, par Gilles Ardonyn, du commencement du xvi⁰ siècle. Très bien conservé.

— 68 — Évangélière in-4⁰, du x⁰ au xi⁰ siècle, ornée de quatre grandes miniatures représentant les Évangélistes; la reliure, en cuivre et en argent repoussé, est ornée de cinq plaques d'émail incrusté, dont celle du milieu représente le Sauveur tenant l'Évangile d'une main, et donnant la bénédiction de l'autre; elle est en outre enrichie de cabochons en pierreries.

—69 — La Vierge debout, tenant l'Enfant-Jésus vêtu d'une longue robe. Bronze du xive siècle.

—70 — Colonne en marbre blanc, à chapitaux, dans le goût antique; les cannelures en spirales sont incrustées de mosaïques en verroterie fond d'or et de différentes couleurs. Très beau spécimen des ouvrages de ce genre qui décorent les basiliques grecques et latines; du xe au xie siècle.

—71 — Fauteuil à X, du xvie siècle, en bois richement sculpté.

—72 — Cabinet avec porte à battant, garni de tiroirs de diverses grandeurs couverts de sculptures très fines dans le style de François Ier, représentant des bustes d'hommes et des ornements; il est orné extérieurement d'incrustations en bois et muni de ses ferrures gothiques.

73 — Très beau rétable, de moyenne proportion, en bois sculpté, peint et doré, du xvie siècle, offrant divers sujets de la vie du Christ en figures de ronde-bosse, placés sous des dais d'architecture ogivale d'un travail délicat et élégant; le tout est recouvert par des volets brisés, décorés en dedans et en dehors de peintures à l'huile dont les sujets font suite à ceux représentés en sculpture. Ouvrage d'un maitre allemand de Nuremberg.

Cet objet est remarquable en ce qu

13

est muni de ses volets, ce qui arrive rarement, et que sa dimension et son état de conservation le rendent admissible dans toutes les collections.

— 74 — Deux chaises à dossiers élevés, en bois des îles sculpté, garnies en cuir gaufré, à ornements très riches.

— 75 — Cabinet richement décoré en dedans et en dehors d'ornements en ivoire incrusté.

— 76 — Vitrail suisse, femme offrant à boire à quatre arquebusiers.

— 77 — Vitrail du XIIIe au XIVe siècle. L'Annonciation.

— 78 — Triptyque italien, peinture sur fond d'or du XIVe siècle.

— 79 — Fermail d'aumônière en fer damasquiné d'or, avec un ceinturon garni en fer damasquiné d'or.

— 80 — Flûte en ivoire, couverte d'ornements gravés, du temps de Louis XIII.

— 81 — Manche en ivoire sculpté, formé par un groupe de personnages mitrés, placés sous des niches; travail du XIIIe siècle.

— 82 — Meuble de salle à manger, en bois sculpté, de style flamand; il est à deux corps superposés, celui du bas est à portes pleines ornées de sculptures, celui du haut à portes vitrées.

83 — Grande plaque de cheminée du XVIe siècle, en fonte de fer, représentant Mars et Vénus.

84 — Croix processionnelle byzantine; la face principale est entièrement émaillée, et le revers en cuivre repoussé.

85 — Reliquaire en cuivre doré du XVIe siècle, sur pied élevé, avec contre-forts très ornés.

86 — Beau sabre de chasse avec poignée et pommeau en fer, finement ciselée, représentant des animaux divers avec feuillages.

87 — Très belle épée à garde espagnole, en fer ciselé; la coquille est couverte d'ornements repercés à jour du meilleur style, dont une offre un combat de cavalerie.

88 — Epée à garde en fer doré, dont la lame porte sur ses deux faces et dans toute la longueur une prière à la croix, et sur le talon de la lame est inscrit : *Crutione al Crocifisso*; elle est munie de son fourreau.

89 — Epée de parade des Magyars hongrois; la monture ainsi que la garniture du fourreau sont ornées d'incrustations en argent et de turquoises.

90 — Belle épée dont la garniture en fer est couverte d'ornements damasquinés en argent.

91 — Poignard en fer dont la lame se divise en trois, au moyen d'un ressort.

92 — Paire de pistolets à rouets; la monture en bois est incrustée d'ornements en corne de cerf.

93 — Porte-épée ou côtelette avec son ceinturon en velours vert; les garnitures en fer

sont ornées d'incrustations en argent
émaillé. Cette pièce provient du musée
de Dresde.

— 94 — Statuette de sainte en marbre blanc, demi-
nature; l'expression à la fois noble et
naïve du visage, la belle pose du corps
et la beauté des draperies font de cette
sculpture un des plus beaux spécimen
de l'art statuaire du xIII° au xIV° siècle,
époque à laquelle florissait Jean de Pise.
Ce beau marbre provient de Sienne.

— 95 — Deux bas-reliefs en marbre blanc du xv° siècle, représentant deux anges debout et
inclinés vers deux personnages agenouillés à leurs pieds, en costumes du xv° siècle.

— 96 — Bas-relief en marbre blanc du xv° siècle,
dans la manière de Donatello, représentant la Vierge tenant l'Enfant-Jésus debout sur ses genoux.

— 97 — Autre bas-relief en marbre du xIV° siècle,
représentant la Vierge assise tenant l'Enfant-Jésus.

98 — Médaillon rond, portrait de femme en costume du xv° siècle. Bas-relief en marbre.

— 99 — Bas-relief en terre émaillée de Lucas della
Robbia, de forme cintrée dans le haut,
représentant quatre anges soutenant une
Gloire. L'encadrement est formé par une
guirlande de fruits.

—100 — Autre bas-relief en terre émaillée de Lucas della Robbia, en forme de fronton. Au milieu l'Enfant-Jésus debout, à droite et à gauche deux anges agenouillés.

—101 — Charmante frise en relief, en terre émaillée, de Lucas della Robbia, offrant une tête d'ange au milieu de rinceaux d'ornements du meilleur style, émaillés en blanc sur fond bleu.

102 — Autre frise plus petite, du même genre.

—103 — Très petit bas-relief en terre émaillée de Lucas della Robbia, représentant saint François-les-Stigmates, dans un paysage très varié de teintes. Il est rare de rencontrer des travaux de ce genre d'aussi petite dimension.

104 — Deux fragments de bas-reliefs du même genre; deux anges sur fond bleu.

—105 — Bas-relief en terre émaillée de fabrique italienne, représentant la Vierge et l'Enfant-Jésus; sculpture pleine de sentiment, les draperies sont colorées et les chaires d'un blanc jaunâtre. Pièce rare.

—106 — Petit bas-relief représentant la Nativité, en terre émaillée, à reflets métalliques cuivreux.

—107 — Buste de vieillard vu de profil; bas-relief en terre émaillée avec bordure de feuillages et de fleurs.

108 — Bas-relief en terre émaillée en noir, rehaussé de dorures, représentant une figure allégorique; travail allemand d'un beau style.

109 — Autre bas-relief allemand, en terre émaillée, à figures colorées sur fond bleu clair, représentant Joseph vendu par ses frères. Les émaux, de couleurs variées rappellent à la fois ceux de Robbia et de Palissy.

110 — Petite plaque en terre émaillée provenant d'un poêle, représentant un portrait d'empereur d'Allemagne.

111 — Vase à deux anses formées par des dauphins, avec ornements en relief, émaillé en bleu clair; fabrique de la Robbia.

112 — Aiguière à syphon s'emplissant par dessous, ornée de têtes de chérubins et de guirlandes. Terre émaillée de Palissy.

113 — Autre vase à peu près semblable.

114 — Jolie petite figure de Palissy, représentant une Syrène; très bel émail.

115 — Grande et belle cruche en faïence allemande, fond brun, échantillonné d'émaux de diverses couleurs, elle est décorée de quatre rangs de bas-reliefs, dont le principal représente les noces d'Aldegraves, offrant trois musiciens et cinq couples de cavaliers et de dames dans les riches costumes de l'époque. Le rang supérieur est orné de quatre portraits d'empereurs vus à mi-corps, les autres sont ornés de re-

liefs variés; l'anse est formée par des serpents enlacés.

Cette pièce est sans contredit, une des plus belles et des plus importantes qu'on ait vues en ce genre.

116 — Aiguière en faïence italienne, de forme orientale, décorée de paysages et de figures.

117 — Cruche en grès gris, de forme élevée, ornée de trois portraits en pied d'empereurs et d'ornements d'arabesques en reliefs très fins, du XVIe siècle.

118 — Autre cruche en grès gris, émaillée de bleu avec ornements en reliefs.

119 — Une autre cruche du même genre.

120 — Une autre cruche du même genre.

121 — Cruche en grès gris, décorée de figures de femmes en costumes du XVIe siècle.

122 — Cruche en grès, décorée d'arabesques en reliefs, du meilleur style.

123 — Grand pot à bière en grès brun de Nuremberg, émaillé et coloré, avec sujet de chasse au pourtour, très finement exécuté.

124 — Autre pot à bière, avec portrait d'homme et de femme, et une chasse à l'ours.

125 — Autre pot à bière avec une chasse au cerf.

126 — Autre pot plus petit, décoré d'ornements colorés.

127 — Grand plat à ornements jaunes, à reflets métalliques.

128 — Grand plat avec sujet allégorique. Le bord est décoré d'ornements.

129 — Plat en faïence avec peinture, représentant le bon Samaritain.

130 — Plat creux à bord festonné; la peinture représente l'enlèvement d'Europe; bel émail.

131 — Plat richement décoré d'arabesques, coloré sur fond bleu; ancienne fabrique d'Urbino.

132 — Autre plat avec arabesques et trophées; même fabrique.

133 — Plat avec ornements en reliefs blancs sur fond jaune.

134 — Plat émaillé en bleu clair avec sujets, entouré d'une bordure de fruits.

135 — Plat creux avec peinture à reflets métalliques vifs; la Sainte-Famille.

136 — Plat de moyenne grandeur, avec sujet des Métamorphoses, au revers est inscrit: *Aretensa et ultro, 1545.* Très belle exécution.

137 — Plat creux avec peinture, représentant Apollon et Daphné. Il porte un écusson aux armes des Strozzi de Florence. Fabrique d'Urbino.

138 — Plat creux avec sujet de l'histoire de David, au revers est inscrit: *David habit et fugit in speluncam.* Fin d'émail et d'exécution.

139 — Autre plat avec peinture, Adam et Ève chassés du Paradis terrestre, au revers est écrit : *Adamo Eva quando furano discacciati*. Pendant du précédent.

140 — Plat creux avec le sujet de Virginius; au revers une inscription indiquant ce sujet.

141 — Jolie petit plat creux; la peinture représente le char du Soleil et des Amours. Très bel émail.

142 — Grand et beau plat avec peinture à irisation couleur de feu, représentant le sujet de Curtius; composition du plus bel effet et d'un grand style. Ce beau plat peut être attribué à Francis Xantes, qui mêla ce genre d'émail en pratique à Urbino et Urbania à celui en usage à Gublio.

143 — Plat à reflets métalliques de feu, une madone en relief occupe le milieu. Fabrique de Gublio.

144 — Autre plat de la même fabrique, le bord est décoré de dauphins en relief, au milieu une louve près d'une bannière sur laquelle est inscrit le mot *Libertas*.

145 — Plat avec peinture, représentant des baigneuses; émail à reflets vifs, au revers la date de 1540.

146 — Plat creux, avec sujet d'Apollon perçant de flèches les fils de Latone.

147 — Joli petit vase grec à deux anses, à peinture noire.

148 — Autre vase grec de même dimension, en forme de tête humaine couronnée de lauriers.

149 — Petit vase en verre irisé, de forme allongée; il est décoré de zônes de diverses couleurs.

150 — Petit vase grec en verre bleu, à deux anses à zônes droites et chevronnées, bleu clair et jaune. Bien conservé.

151 — Autre petit vase grec à une anse de même genre.

152 — Petit vase à fleurs en verre de Venise, fond bleu semé de fleurs émaillées de toutes couleurs; pièce rare.

153 — Beau calice du xve siècle en verre de Venise, décoré d'ornements émaillés et dorés.

154 — Autre calice à peu près semblable et muni de son couvercle; ces verres du xve siècle sont fort rares.

155 — Deux salières en verre de Venise, dont les pieds élevés sont ornés de deux ailerons.

156 — Coupe unie à pied élevé, d'une grande légèreté, en verre de Venise.

157 — Autre coupe du même genre, le pied à balustre en spirale.

158 — Petite coupe basse à deux anses, à côtes et filets dorés.

159 — Jolie coupe à couvercle en verre de Bohême, taillé et gravé.

—160 — Deux autres coupes du même genre, sans couvercle.

161 — Petit verre bas à trois petits pieds, finement gravé.

162 — Trois bouteilles à longs cols, en verre de Bohême, taillé et gravé. Ce lot sera divisé.

—163 — Gobelet allemand de forme évasée, en verre émaillé, avec armoirie et bordure d'ornements sur fond doré.

—164 — Grand vase à une anse en verre de Venise; le pied est orné de côtes saillantes dorées, et le bord du vase orné d'émaux et de dorures.

165 — Petit vase de Venise dont le pied élevé est formé de serpents enlacés.

—166 — Vase à couvercle allemand en argent doré; à pied élevé, décoré d'ornements repoussés.

—167 — Vase en coco sculpté, orné de bas-reliefs à sujets dans le style gothique; monture en argent doré.

—168 — Jolie canette à bière en argent doré; l'anse est formée par une figure de femme renversée.

—169 — Croix pectorale en or émaillé, renfermant de petits bas-reliefs finement sculptés, représentant des sujets du Nouveau Testament.

170 — Petite montre à répétition en or, du temps de Louis XVI. La boîte est ornée de trophées de musique.

171 — Autre montre en or guilloché avec émail et jargons.

172 — Montre garnie en or, la boîte en porcelaine de Saxe et décorée de sujets d'après Watteau.

173 — Cassolette en forme de cœur, en argent doré

174 — Montre en argent du temps de Louis XIV.

175 — Deux médailles italiennes en bronze : *Leonellus Marchio Estensis*, par Pisanus. — *Ferdinand. Mag. Dux. Etru.*

176 — Deux médailles italiennes : *Titus Livius.* — *la Bella Pulisena.*

177 — Deux id.: *Sigismondus de Malatestis*, au revers, un cavalier, par Pisanus. — *Victor Amedeus. Duc Sab.* Au revers, *Chri.tiana Arcia*, sa femme, par Dupré.

178 — Deux id.: *Leonellus Marchio Estensis*, par Pisanus. — *Maria Snara de Marteli.*

179 — Deux id.: *Sigismondus Malatestis*, au revers, une femme assise tenant une colonne, par Pisanus. — *Inocentius Franchescus.*

180 — Médaille italienne. *Constantius Sforlia.* Au revers le château de Pesaro, par J. F. Parmen, très-belle conservation.

181 — Une médaille id.: *Isotae Ariminensi*, la coiffure à deux cornes. Au revers, l'éléphant, par Pisanus, bel exemplaire.

182 — Deux id.: *Sigismondus Pandulfus de Malatestis*. Au revers, une femme tenant une colonne assise sur un éléphant, par Pisanus. *Virginius Cesarinus* et *P. Picus Mirandulanus*.

183 — Deux id.: *Constantius Sfortia de Aragonia*, par J. F. Parmen. — *Comus Medici*.

184 — Deux id.: *Prosper Sanctacrucius*, card., superbe épreuve. — *Carolus, Dux Burgundus*.

185 — Deux id.: *Alfonsus. Est. Dux. Ferra*. Au revers, un aigle couronné. — *Leo X, Pontif. Max.*

186 — Deux id.: *Bortius, Dux Mutine et regii Marchio. — Philippus Hispaniorum Rex*. Double face, *Pyrrus Malu. Cast. Giet. Marchio*.

187 — Peinture sous cristal à paillons, représentant la flagellation du Christ.

188 — Deux petites peintures très-fines sous cristal, portraits vus à mi-corps, le mari et la femme, en costume du XVIᵉ siècle, avec inscription et date de 1592.

189 — Peinture sur vélin, représentant l'âge de fer, grande composition exécutée avec beaucoup de finesse, par Frédéric Breutel, en 1629.

190 — Autre belle peinture sur vélin, représentant une mêlée de cavaliers dans un paysage à effet de neige, d'une grande finesse d'exécution, par Hans Bol.

191 — Grande miniature de Missel, représentant une Sainte à mi-corps, et une autre représentant la Nativité, du commencement du XVIe siècle.

192 — Deux belles miniatures italiennes du XIVe siècle, représentant des sujets du Nouveau Testament.

193 — Deux miniatures du XIIe siècle.

194 — Quatre grandes feuilles sur vélin d'Antiphonier, décorées de grandes lettres initiales richement ornementées, du commencement du XVIe siècle.

195 — Grande et belle peinture sur vélin, représentant le roi François Ier à cheval, dans un élégant costume blanc, rehaussé de broderies et de bandes de velours noir ; il tient à la main un sceptre ; le harnachement du cheval est semé de fleurs de lis d'or.

196 — Autre peinture faisant pendant, représentant le roi Henri IV à cheval, dans un très-riche costume ; la housse du cheval est également semée de fleurs de lis d'or.

Ces deux belles miniatures, outre l'intérêt qu'offrent les deux personnages, se recommandent par le précieux de l'exécution et leur belle conservation.

197 — Petite peinture représentant un chevalier héraldique.
198 — Six petites miniatures représentant divers sujets.
199 — Huit peintures indiennes sur lame de mica.
200 — Cinq sujets dessinés à la plume, cartons pour vitraux.
201 — Un jeu de tarots en usage pour tirer les cartes. Il est composé de 78 cartes dont un grand nombre à figures. Sur plusieurs on lit : *Faict à Lyon, par Nicolas Rolichon*. Le style et la manière des gravures appartiennent au commencement du xvi° siècle. Ce jeu, parfaitement conservé, est fort rare. Il n'est point dans Bartch et manque à la bibliothèque des estampes.
202 — Plus de deux cents gravures diverses sur bois, etc.
203 — Miniature sur vélin, représentant un personnage vénitien entouré de figures allégoriques; elle servait de frontispice à un codex ou livre d'instructions que les doges donnaient aux hauts fonctionnaires de la République en les nommant.
204 — Quarante petites pièces, sujets gravés par Aldegraves, Stéfenus, Théodore de Brie et autres maîtres.
205 — Vingt pièces gravées par Lepôtre, Abraham Boas, Augustin Vénitien et autres, dont une suite de vases.

206 — Petit reliquaire en forme de livre, en argent doré, orné de peinture, sous verre, et à paillons.
207 — Bas-relief en cuivre repoussé et doré, dans son cadre en écaille rouge.

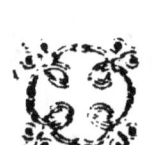

Imp. Maulde et Renou, rue Bailleul, 9-11.

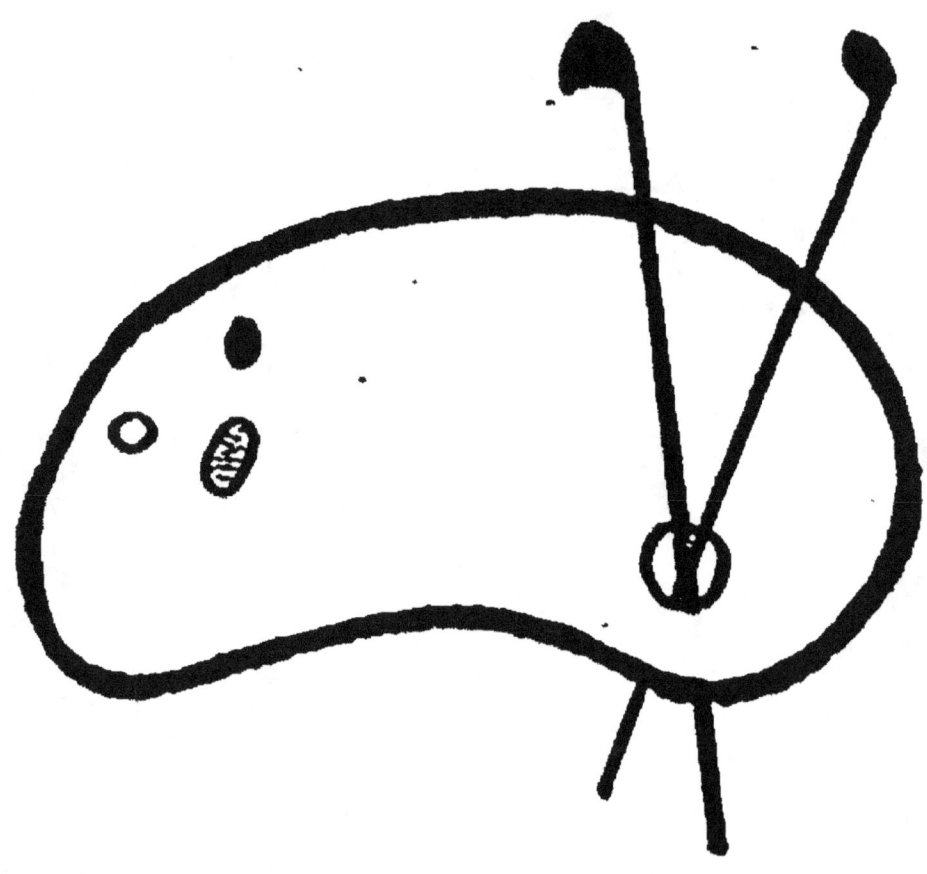

www.ingramcontent.com/pod-product-compliance
Lightning Source LLC
Chambersburg PA
CBHW030104230526
45471CB00003B/1247